*Ce livre vous plait
Si c'est le cas ,n'hésitez pas à nous laisser vos commentaires. Vos avis et observations nous intéressent et nous aideront à mieux répondre à vos besoins.et à améliorer nos contenus afin de vous proposer des produits raviront encore plus vos enfants.*

**Pour cela rendez vous sur notre page produits Amazon.fr et laissez nous un commentaire !!
Merci beaucoup**

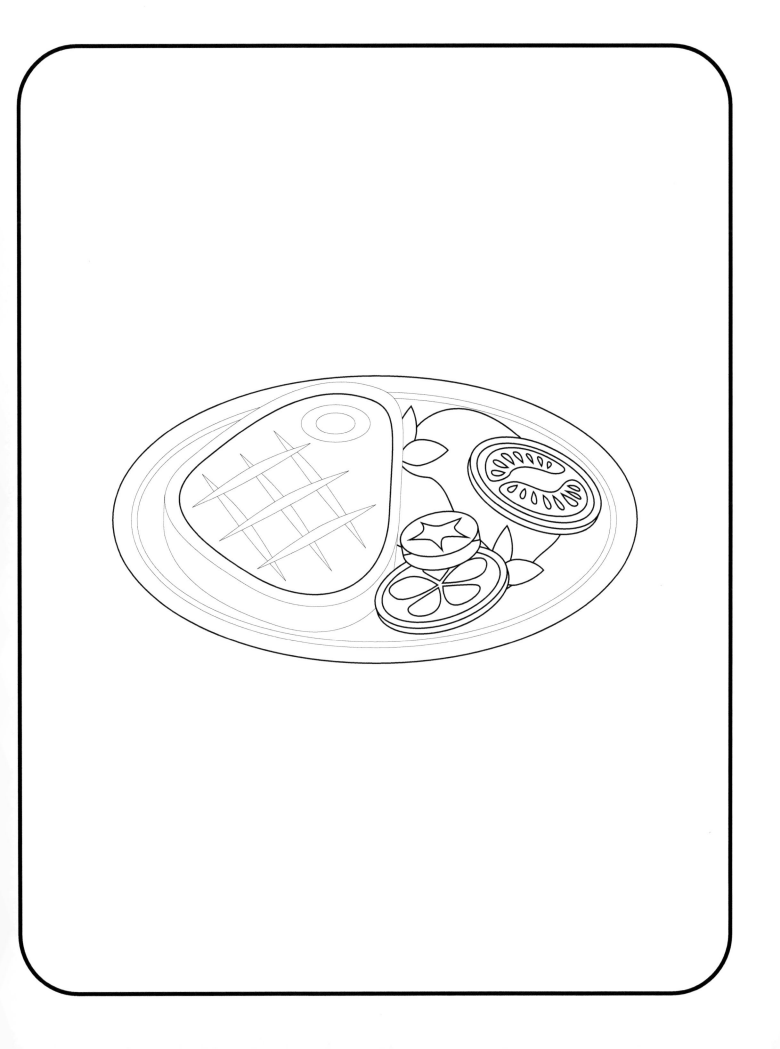

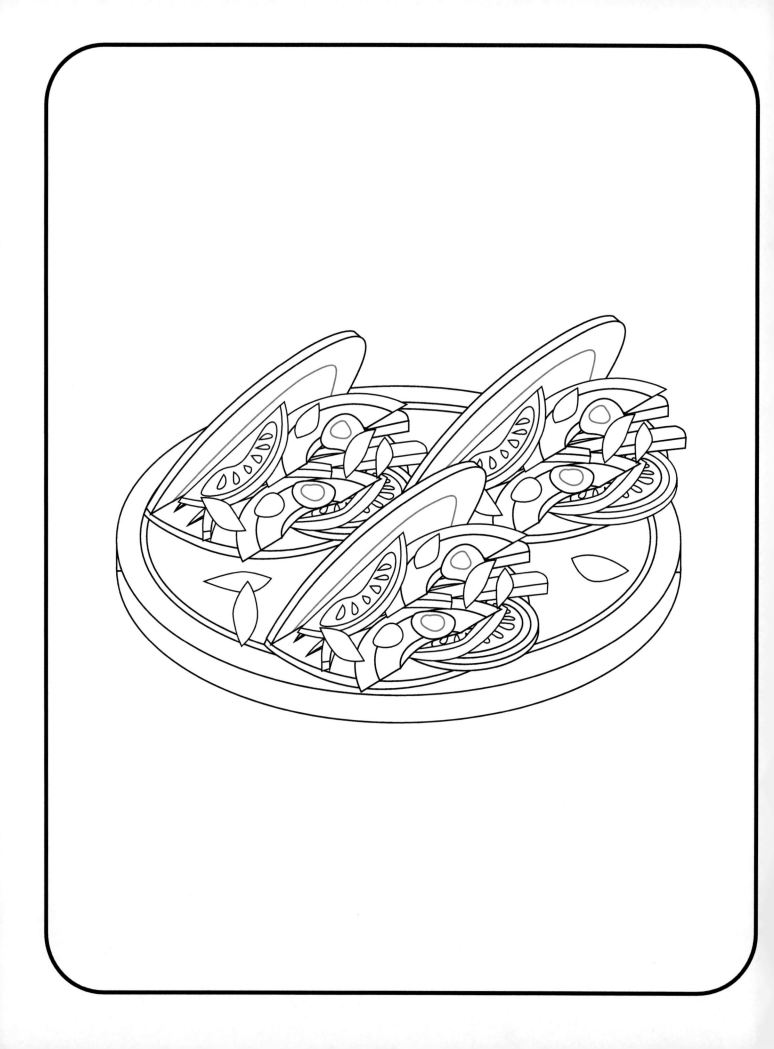

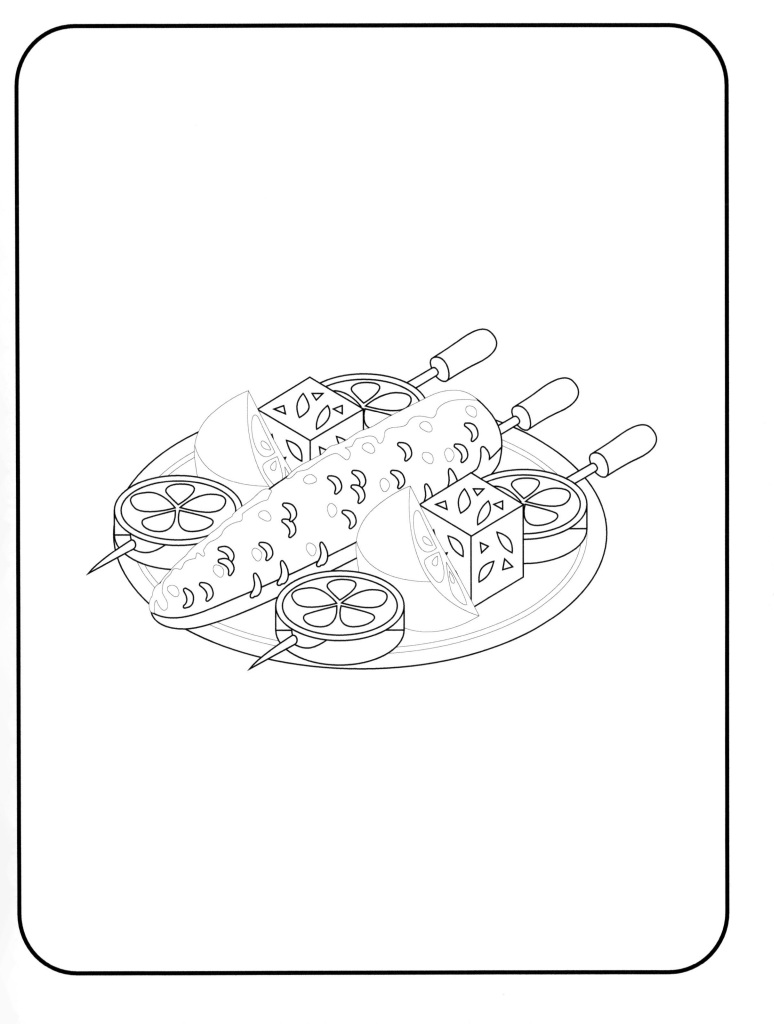

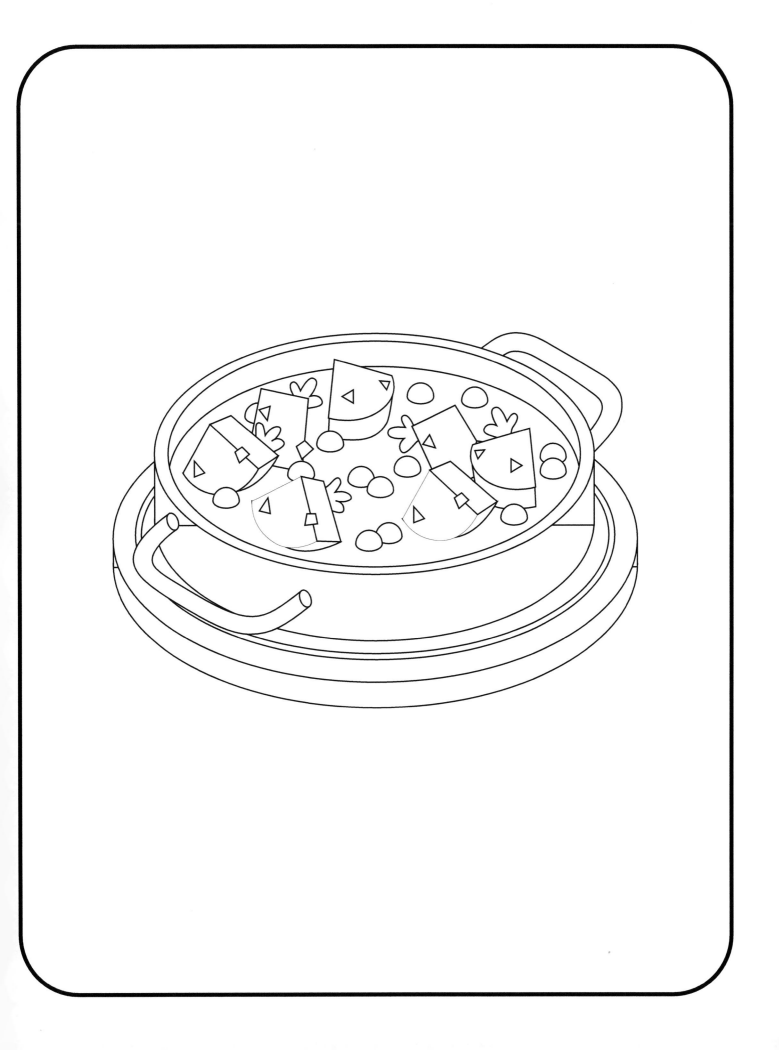

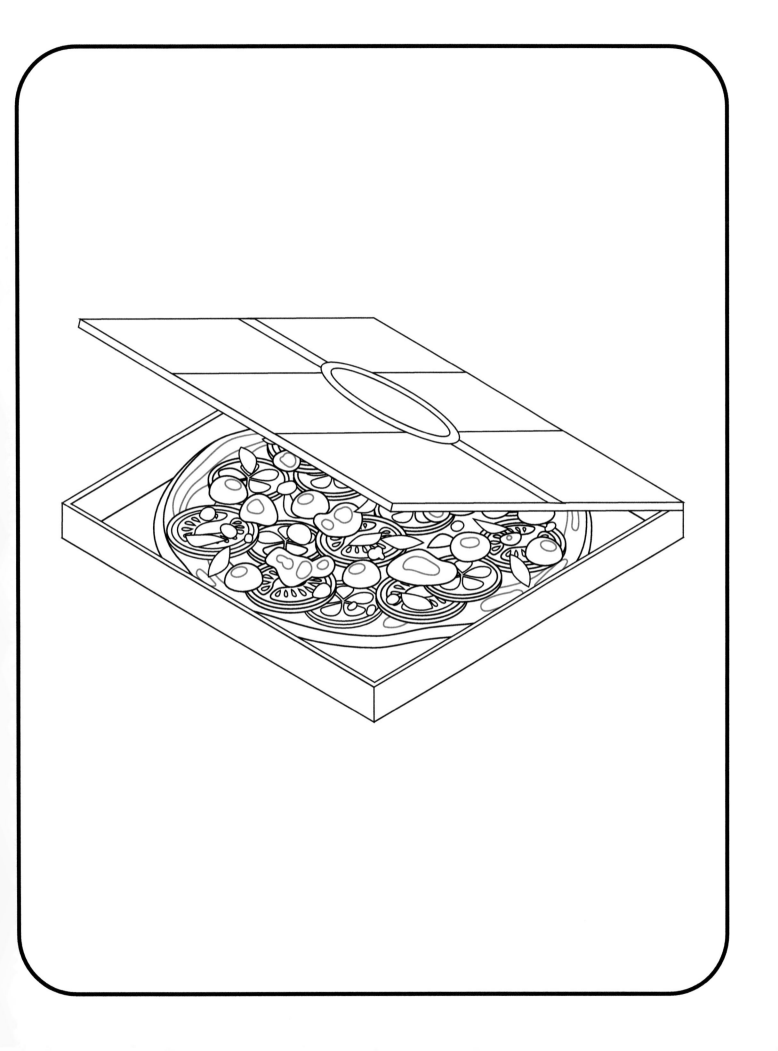

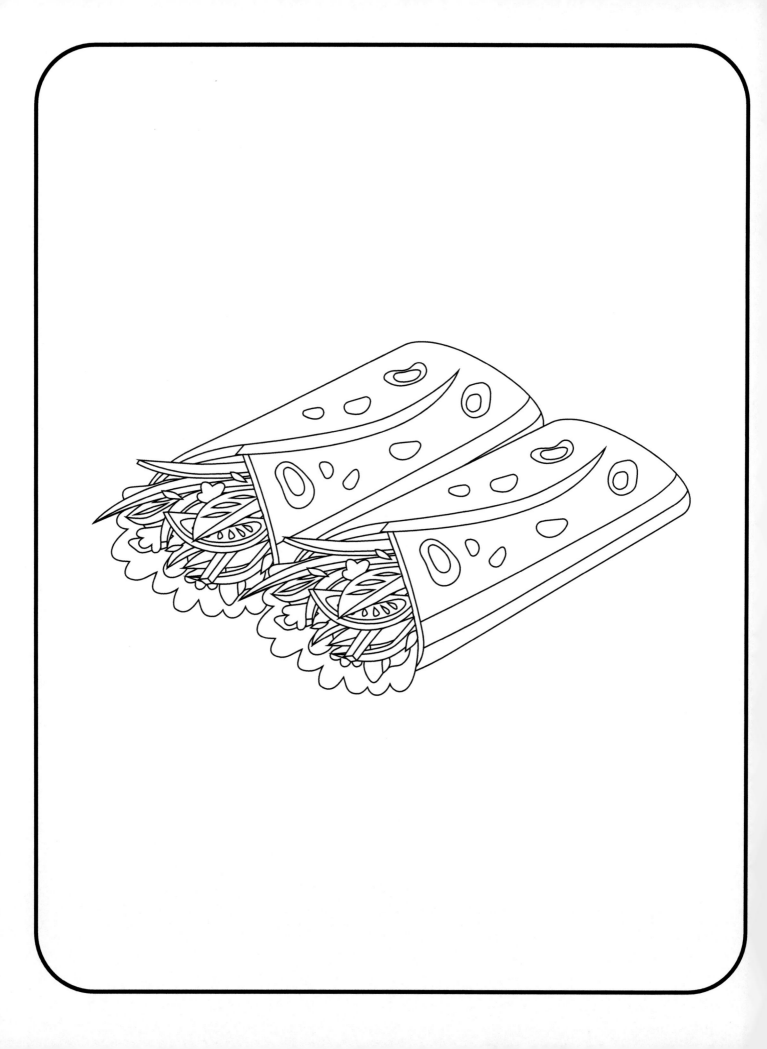

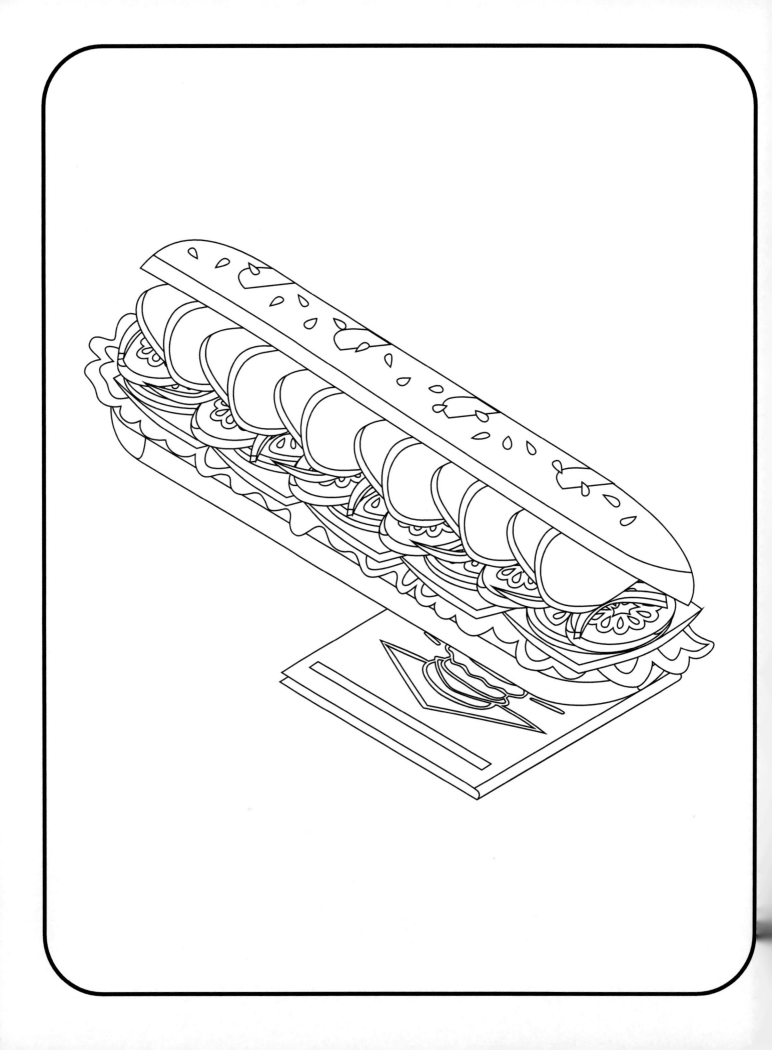

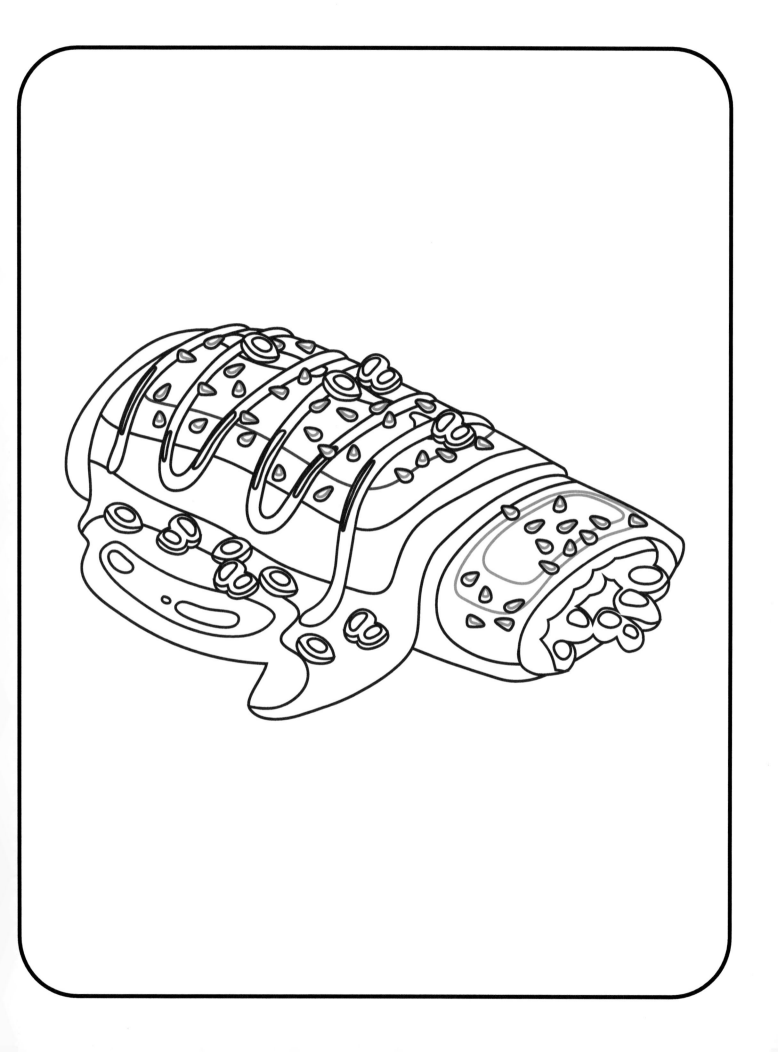

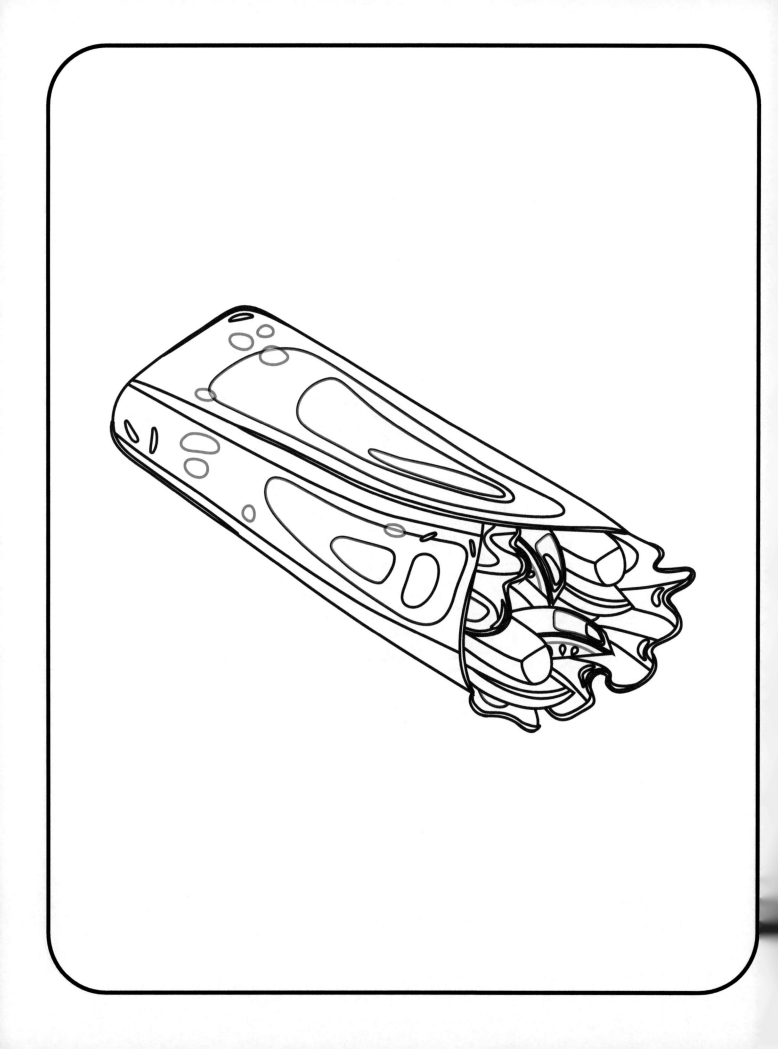

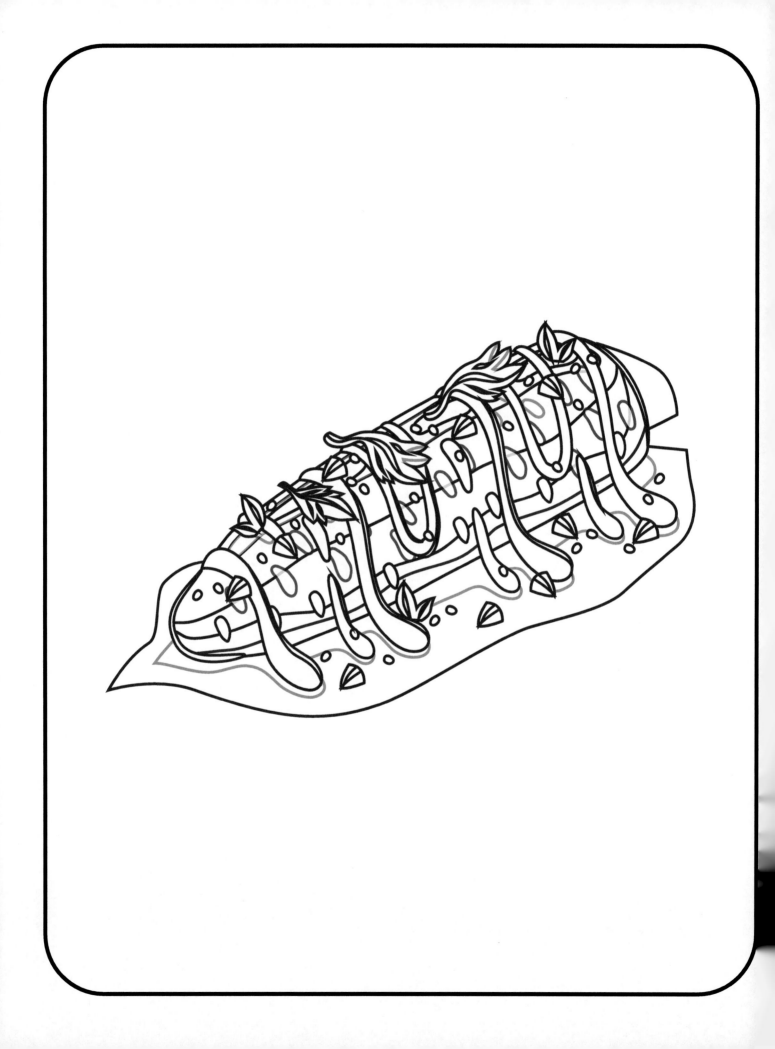

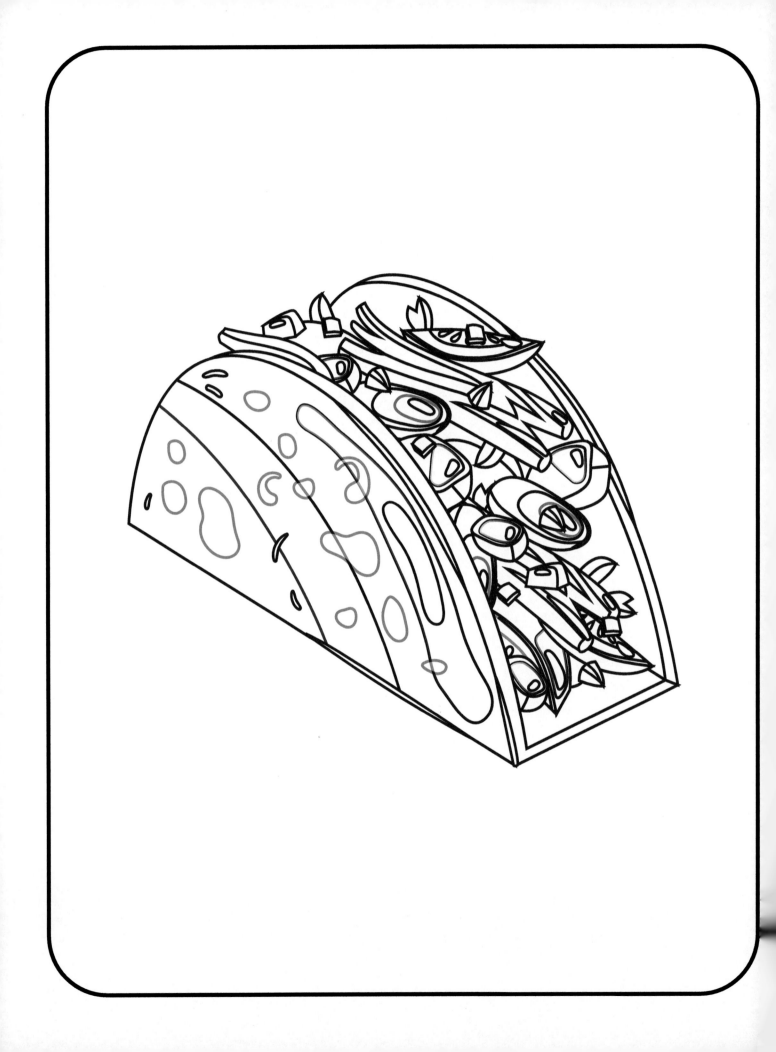

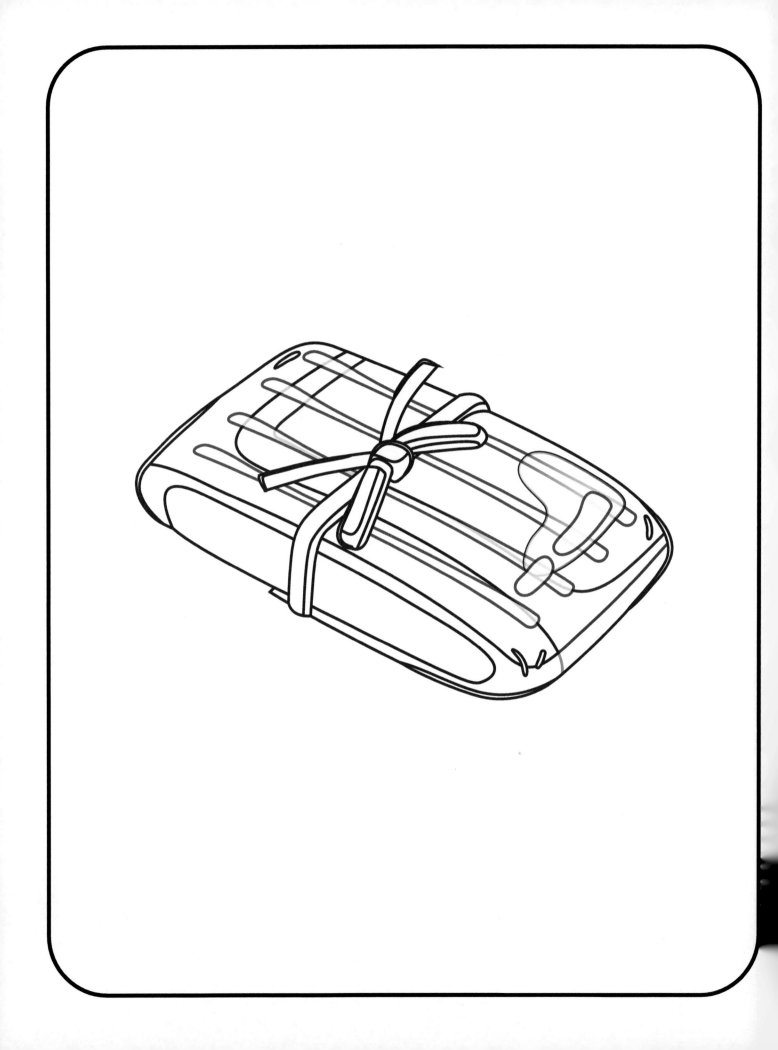

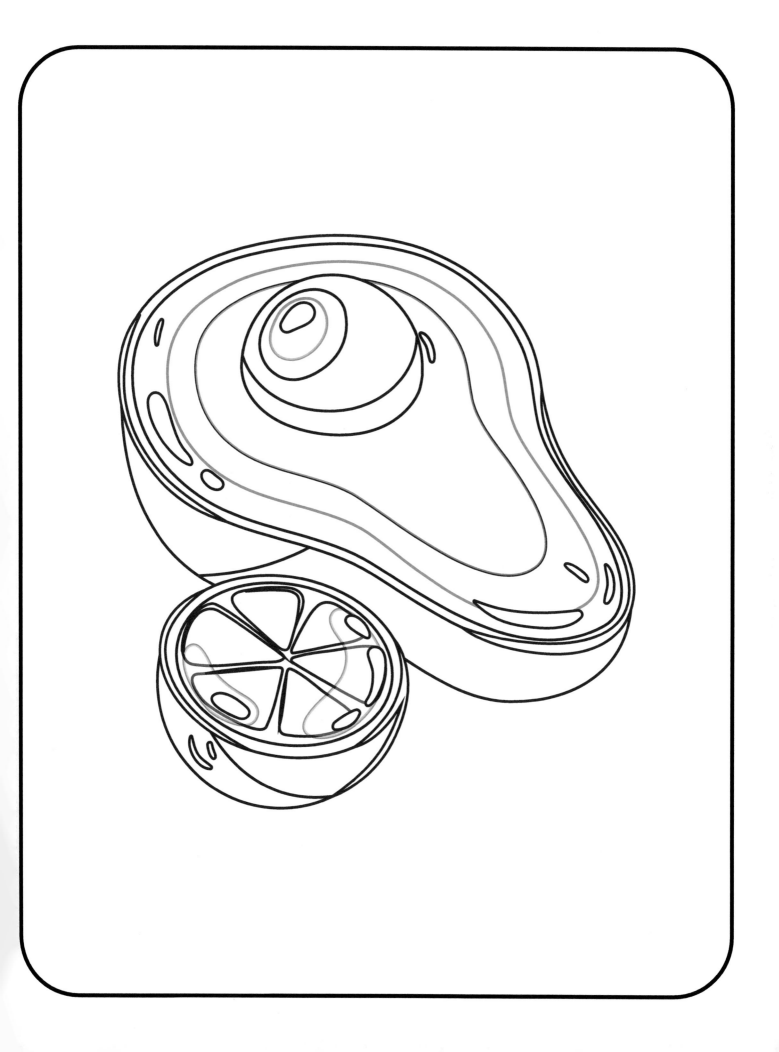

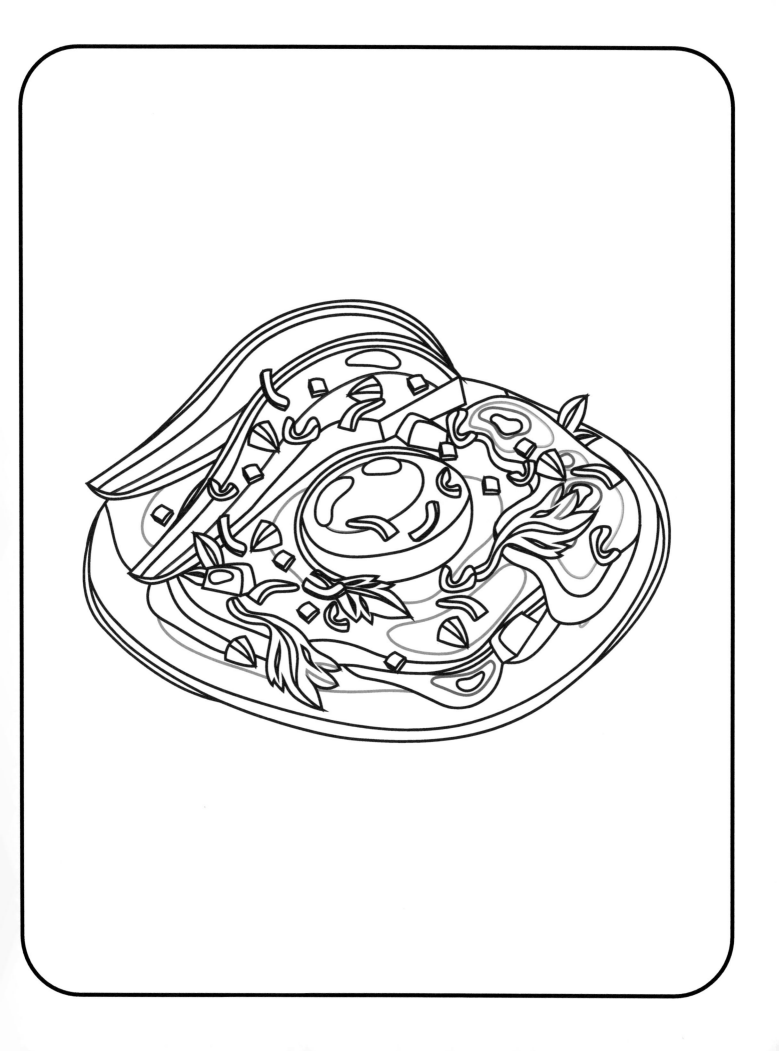

Printed in France by Amazon
Brétigny-sur-Orge, FR